AF603200

FAITS
QUI ONT INFLUÉ
SUR
LA CHERTÉ DES GRAINS,
en FRANCE *&* *en* ANGLETERRE.

Avril 1768.

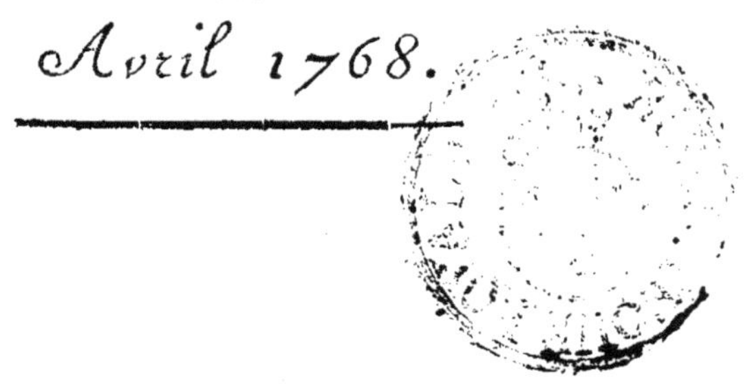

FAITS QUI ONT INFLUÉ SUR LA CHERTÉ DES GRAINS, en France & en Angleterre.

SI L'ON ENTEND par *Disette*, l'insuffisance *réelle* des grains existans dans le Royaume, pour la subsistance de ses Habitans, il ne seroit pas difficile de prouver qu'il n'y a point eu de Disette en France depuis plus d'un siècle. Si l'on entend par *Disette* l'insuffisance *apparente* & l'excessive cherté des grains, causée par le monopole ou l'avidité, on en trouveroit aisément des exemples. Le monopole est donc le seul mal dont il ſoit eſſentiel de ſe garantir ; & pour s'en garantir, rien n'eſt plus eſſentiel que d'en obſerver les cauſes & les effets. Enviſagé du côté de ſes effets, il eſt de deux eſpèces : celui de ſpéculation, & celui d'imitation. Ceux qui répandent de faux bruits ſur le produit des récoltes paſſées, ſur le renchériſſement des grains & du pain dans les Provinces éloignées, dans l'eſpérance, ou plutôt dans le deſſein de vendre à un prix exceſſif les grains qu'ils poſſédent ou qu'ils ont arrhés, ſe rendent coupables du monopole de ſpéculation. Ceux qui, voyant augmenter le prix des grains, s'abſtiennent d'en vendre, dans l'eſpérance que le prix pourra augmenter encore, tombent dans le monopole d'imitation. Moins coupables que les premiers, ils ſont cependant beaucoup plus de mal, parce qu'ils ſont en bien plus grand nombre. Ils donnent l'exemple après l'avoir reçu ; & l'avidité, paſſion ſi contagieuſe, gagnant de proche en proche, occaſione rapidement une diſette apparente, auſſi redoutable qu'une diſette réelle. Il n'y a nulle différence, pour les conſommateurs, entre des bleds qui n'exiſtent point & des bleds que le propriétaire ſouſtrait à la conſommation.

Rien n'eſt plus intéreſſant pour le Souverain, pour ceux qui adminiſtrent ſous ſon autorité, & pour le Peuple ſoumis à ſa domination, que de connoître les cauſes de ces calamités publiques ; les moyens qu'emploient ceux qui cherchent à en profiter ; & le dégré d'efficacité des remèdes qui ont été eſſayés contre des maux ſi redoutables. Peut-être ſuffira-t-il, pour répandre la lumière ſur des objets ſi intéreſſans, de raſſembler quelques faits publiés par le Commiſſaire de Lamare, dans ſon *Traité de la Police*.

Il ſeroit difficile de produire un garant moins ſuſpect, ou, pour mieux dire, un garant plus digne de confiance. Ce Commiſſaire, infatigable dans ſes recherches & dans l'exercice de ſes fonctions, avoit été témoin de la plupart des faits qu'il raconte, & il a fait imprimer une multitude de pièces juſtificatives. A l'égard de ſes principes ſur le commerce des grains, il paroît qu'il en avoit de deux eſpèces. Il devoit les uns à un jugement ſain & à l'obſervation exacte des faits ; il devoit les autres à l'ascendant qu'ont ſur tous les hommes les opinions de leurs contemporains. Partiſan de la *liberté*, il répète ſouvent qu'elle eſt *l'ame du commerce.* Il dit que « l'on a ſouvent propoſé, & quelquefois même tenté de *fixer* tous les ans » le prix des grains, ſelon la fertilité » ou la ſtérilité des moiſſons ; mais ce » deſſein, dit-il, a été autant de fois » rejetté & trouvé impraticable... *La* » *liberté de mettre le prix à la marchan-* » *diſe eſt l'ame du commerce :* un gain » certain & trop borné, quelque juſte » & quelque raiſonnable qu'il ſoit, *re-* » *bute les Marchands...* Le bruit qui ſe » répand qu'une marchandiſe eſt rare & » augmente de prix à un certain lieu, » ſuffit pour les y attirer, & *leur con-* » *cours* y rétablit auſſi-tôt, contre leur » intention, *l'abondance & le bon marché.* » De-là vient ce proverbe populaire & » ſi commun, que *cherté foiſone* ». D'un autre côté, il penſoit que la liberté d'exporter ne doit être accordée que dans le ſeul cas où la ſurabondance des grains « remplit tellement nos granges & nos » greniers, & que la quantité en eſt ſi » fort au-deſſus de celle qui nous eſt

Traité de la Police, tom. 2 pag. 267.

V. ibid. pag. 270.

» néceſſaire... qu'il faut néceſſairement » en faire part à nos voiſins. Sans cela, » ajoute-t-il, nous aurions ſouvent le » chagrin de voir périr, faute de con- » ſommation, le fruit des travaux de nos » Peuples, & *l'une des principales mi-* » *nes que la Providence a placées dans* » *cet Etat, pour en faire la richeſſe &* » *en ſoutenir les charges* ». Il croyoit même que la liberté de la circulation des grains dans l'intérieur du Royaume, peut dégénérer en *licence*, *qui doit être tempérée par quelques précautions*. Enfin il établit en maxime « qu'il eſt *important* » que le tranſport des grains d'une Pro- » vince à l'autre, ſoit *réglé* avec beau- » coup de prudence, de ſageſſe & d'é- » conomie ». On voit qu'il étoit parvenu, ſinon à concilier, du moins à admettre les principes les plus contradictoires ; ce qui ſuppoſe un caractère d'impartialité bien étonnant, quoiqu'il ne ſoit pas rare. Tel eſt le témoin qu'on va entendre.

Ibid. pag. 267.

FAITS concernant la Diſette des années 1660, 1661 & 1662.

« Il y eut *quelques* Provinces où les » bleds furent niellés au commencement

Ibid. pag. 373.

» du mois de Juillet 1660. Cet accident n'étoit pas univerſel, & la diminution qu'il cauſoit dans la récolte future, pouvoit être *bien plus que remplacée* par les grains qui étoient reſtés des années précédentes. Les Marchands ... ſurent bien profiter de cette occaſion... Ils achetèrent tous les grains des Marchands forains, même ceux qui étoient arrivés ſur les ports de Paris, & *en firent des magaſins*. Quelques-uns d'entre eux, ou de leurs émiſſaires, prirent la poſte, coururent de ville en ville *répandre le bruit de la diſette des bleds*; ils affectèrent même, *pour ſe faire croire*, d'acheter *en chaque ville*, *dans les marchés* & *dans les greniers* des particuliers, *quelques* muids de bled *au-deſſus du courant*. Après qu'ils ſe furent ainſi rendus les maîtres de tous les bleds qui pouvoient être amenés à Paris, ils ne les firent plus venir que peu-à-peu, bateau à bateau. Enſorte que le bled qui ne coûtoit, au mois de Juin, *que* 13 *liv.* 10 *ſols*, monta *tout d'un coup* à dix écus, & fut porté *en peu de tems* à 34 *liv.* ». *

* L'argent fin monnoyé étoit alors à 28 liv. 13 ſols

Les Magistrats se donnèrent les plus grands mouvemens pour arrêter ce désordre dans Paris même, où des Marchands avoient formé des magasins. Les Commissaires du Châtelet en découvrirent & les firent ouvrir. Les Marchands se voyant éclairés de trop près, firent des magasins en Province, & principalement le long des rivières, d'où ils tiroient ensuite les bleds *petit à petit*, pour les faire venir à Paris; *&, ainsi de concert entr'eux, ils en cachoient l'abondance & entretenoient la cherté.* *Ibid. pag. 375.*

Les Commissaires du Châtelet eurent ordre de se transporter sur les lieux. Ils trouvèrent près de Meaux des magasins où l'on *retenoit en réserve* une quantité *considérable* de grains. Les Marchands furent assignés. L'un d'eux comparut & fut arrêté. Un autre fut décrété de prise de corps. Les Commissaires continuant leurs descentes, firent de nouvelles découvertes de magasins; & « l'on » *reconnut*, par leurs procès-verbaux & » par leurs informations, *que ce n'étoit* » *point la disette, mais la malice & les* » *usures des Marchands, d'où procédoit* *Ibid. pag. 376.*

8 den. le marc. Ainsi, 34 liv. de ce tems-là répondent à-peu-près à 60 liv. de notre monnoie actuelle.

» *la cherté des grains* ; que plusieurs de
» ces Marchands, pour avoir un pré-
» texte qui eût quelque apparence de
» raison de retenir leurs bleds en ma-
» gasin, les avoient fait saisir par
» des créanciers simulés ; . . . que tout
» leur objet étoit de ne les faire venir
» à Paris que bateau à bateau, *pour en*
» *cacher l'*ABONDANCE, *& y en-*
» *tretenir la* CHERTÉ ».

Le fruit de ces descentes fut de saisir en très-peu de tems 3600 muids de bled qui furent chargés pour Paris, & 5850 muids qu'on ne put faire charger & partir, faute de bateaux & d'hommes pour les voiturer, & d'une quantité d'eau suffisante pour la navigation. Malgré ces efforts, on ne put faire tomber qu'à 23 livres le setier, des grains qui ne coûtoient que 13 livres 10 sols, quatre mois auparavant. Les Procès-verbaux des Commissaires mirent à découvert

Ibid. pag. 477. « toutes les usures, les *monopoles*, les
» magasins *de plusieurs années*, les bleds
» *gâtés* & jettés de nuit dans les riviè-
» res *pour avoir été gardés trop long-*
» *tems*, les sociétés vicieuses, *les faux*
» *bruits répandus*, la *connivence* de quel-
» ques *Officiers*, & toutes les autres

» *causes* qui *entretenoient la disette & la* » *cherté* des grains. Il y avoit des bleds » *suffisamment* pour les Provinces & » pour Paris ; *cela étoit bien prouvé.* » Il ne s'agissoit plus, pour rétablir » *l'abondance*, que de *les mettre en mou-* » *vement* ».

La quantité des grains qui arrivoient sur les ports de Paris, ne pouvoit qu'en faire baisser *considérablement* le prix. « Les usuriers en furent *allarmés* ; » & entre autres moyens qu'ils mirent en » usage pour *embarrasser* ces fréquentes » voitures & *entretenir la disette*, ils sus- » citèrent les Traitans qui avoient des » recouvremens à faire sur les villes ; *&*, » en vertu d'Arrêts de solidité, *ils fi-* » *rent saisir & arrêter sur la route les* » *bateaux chargés de bled pour Paris* ». Le Roi, par un Arrêt du Conseil du 10 Décembre 1660, leva cet obstacle.

Ibid. pag. 379.

Dans le même mois de Décembre il se forma un conflit de Jurisdiction entre le Châtelet & le Prévôt des Marchands & Echevins, qui prétendent que cette Police leur appartient sur la rivière. Cette contestation, qui ne fut terminée qu'au mois d'Août 1661, fut si favorable au monopole, que le bled

Ibid. pag. 381. étoit monté à 38 livres le setier.

Le Prévôt des Marchands & les Echevins firent tous leurs efforts pour reprendre les recherches & les poursuites qui avoient été commencées ; *ils trouvèrent par-tout beaucoup de difficulté à se faire obéir.* « La disette augmenta, & la cherté à proportion. Le » prix du bled fut porté jusqu'à 50 l. le » setier, & *le pain se vendoit 8 sols la » livre.* * Le Roi avoit fait acheter une » quantité considérable de bleds à Dantzich & ailleurs... S. M. y envoya jusqu'à deux millions de livres. La flote » chargée de ces grains arriva dans nos » ports au mois d'Avril 1662, & le » besoin cessa... Ces bleds étrangers se » vendirent d'abord 26 l. le setier... » Cela fit baisser tout d'un coup ceux » des Marchands de 50 à 40 l. L'on » mit alors ceux du Roi à 20 l., ce » qui obligea encore les Marchands de » baisser à proportion.... Malgré ce » grand exemple des bontés & de la

Ibid. pag. 384.

Ibid. pag. 389.

* Il ne faut jamais perdre de vue en lisant cet Extrait, qu'il faut presque doubler tous ces prix, pour connoître à quelle quantité de notre monnoie actuelle ils correspondent.

» charité du Roi... il y eut encore des » gens assez endurcis pour garder leurs » bleds en magasin, & pour les laisser plutot gâter & corrompre que de » les exposer en vente.

» Tous ces soins, & la moisson qui » avançoit & paroissoit assez belle, faisoient diminuer de jour à autre le » prix du bled. Les seuls usuriers » voyoient ces progrès avec chagrin... » Ils alloient dans les fermes & les » maisons des laboureurs arrêter sur » pied toute la récolte future..... La » moisson de l'année, qui avoit paru » belle d'abord, fut encore gâtée par » la nielle en plusieurs lieux; celle de » l'année 1663 fut médiocre... l'hiver » de l'année 1664 fut fort humide... » Il arriva ensuite, au commencement » du Printems, de fortes gelées : une » partie des bleds avoient pourri en terre » sous les eaux, d'autres périrent par » la gelée; ainsi l'on se vit menacé » d'une stérilité presque universelle. Il y » avoit *beaucoup de bleds des années précédentes*; la disette *n'étoit pas absolument à craindre*... mais il arriva ce » qui est *ordinaire* en semblables occasions, *les greniers & les magasins fu-*

Ibid. pag. 390.

» *rent* FERMÉS... & dès le mois d'A-» vril le prix du bled fut porté à 24 l. » & peu de tems après à 10 écus ».

Des bleds que le Roi avoit fait acheter par prévoyance, arrivèrent à Paris; on n'en fit paroître que quelques bateaux à la fois, & ils furent débités *comme appartenant à des Marchands Forains*. On en diminua successivement le prix de 40 sols à 40 sols; ensorte qu'on amena par dégrés les Marchands à ne vendre les leurs que 16 l. le setier. Alors l'abondance & le bon marché se rétablirent.

Voilà des exemples bien frappans de ce que peut la plus légère concurrence contre le monopole, & de ce que peut le monopole enhardi par le défaut de concurrens. Si les manœuvres qu'on vient de rapporter sont effrayantes par leur longue durée, par leur résistance à tous les efforts de l'administration; elles le sont beaucoup plus encore sous l'époque suivante.

FAITS concernant la Disette des années 1692, 1693 & 1694.

Traité de la Police, t. 2. p. 390.

« Après les moissons *abondantes* de » *huit années consécutives*, il se répan-

» dit un bruit, ſur la fin du Printems » de l'année 1692, que les bleds avoient » été niellés en pluſieurs des plus ferti- » les Provinces. Cet accident ſe trouva » en effet véritable ; *mais il n'étoit pas* » *univerſel*. Il reſtoit encore l'eſpérance » de *la moitié au moins* d'une récolte » des années ordinaires... Comme il ne » faut qu'un *prétexte* aux Marchands... » pour les déterminer *à groſſir les objets* » *du côté de la diſette*, ils ne manquè- » rent pas à profiter de celui-ci. On les » vit auſſi-tôt *reprendre leurs allures*, & » remettre en uſage leurs pratiques *pour* » *faire renchérir les grains*. Sociétés, » courſes dans les Provinces, *faux bruits* » *répandus*, monopoles par les achats de » tous les grains, *ſur-enchères* dans les » marchés, *arrhemens* de grains en verd, » ou dans les granges & les greniers, » *retention* en magaſins... tous les au- » tres Marchands, *& ſur-tout les Fo-* » *rains*, traverſés par ceux-ci... Le fro- » ment, après la moiſſon faite, fut por- » té juſqu'à 24 l. le ſetier*.... & ce

* Comme le prix de l'argent fin monnoyé étoit à 31 liv. 12 ſ. 3 d. en 1692, 24 liv. de ce tems-là répondent, en nombre rond, à 42 l. de notre monnoie.

» prix alla toujours en augmentant ».

Il fut défendu, par une Ordonnance du 13 Septembre, de faire sortir aucune espéce de grains du Royaume *. Cette défense ne produisit pas l'effet qu'on s'en étoit promis. Le désordre intérieur qu'on vouloit prévenir, augmenta au point que des soldats & des personnes du menu Peuple s'attroupèrent, pillèrent & prirent, à force ouverte, du pain exposé en vente par les boulangers au marché de la place Maubert, & commirent plusieurs autres violences dans ce marché. Deux des séditieux furent *pendus*, & plusieurs autres furent condamnés *aux galères*, *au carcan*, *au fouet & au bannissement*.

Ibid. pag. 392, & suiv.

Cet exemple contint les *mal-intentionnés*, mais il ne remédia point à la disette apparente qu'entretenoit le monopole. Comme le Peuple souffroit de l'excessive cherté du pain, *qui augmentoit de jour à autre*, il y eut jusqu'à la moisson de 1694, *des mouvemens*, *des commencemens d'émotions populaires*, *des cris*, *& des gémissemens*. Trente-six

* Voyez cette Ordonnance dans le Traité de la Police, T. 2, p. 317.

mille ſept cents malades entrèrent dans l'année à l'Hôtel-Dieu, & il en mourut 5422. Tout étoit en mouvement, non-ſeulement pour procurer des ſubſiſtances, mais encore pour mettre les boulangers en ſûreté, ſoit dans les chemins, ſoit dans les marchés de Paris. Les Commiſſaires veilloient continuellement à faire baiſſer le prix du pain quand celui du bled étoit diminué, *ſans néanmoins trop forcer la liberté du commerce, le ſeul appas qui attire l'abondance.* Mais tous ces ſecours n'auroient pas été de longue durée, s'il n'avoit été en même tems pourvu à faire ſortir les bleds des granges & des magaſins, où le monopole les tenoit renfermés. On ouvrit des atteliers d'ouvrages publics pour aſſurer du travail au Peuple; on ordonna aux mendians de ſe retirer à la campagne; il fut défendu de fabriquer de la bière & des eaux-de-vie de grains; on déchargea de tous droits d'entrées & de péages les grains qui ſeroient apportés, tant par terre que par mer; enfin la défenſe d'exporter qui avoit été faite ſous peine de confiſcation des grains & des galères, fut renouvelée ſous peine de confiſcation des bâtimens, & de la vie. * On défendit aussi, sous peine de la vie, de s'assembler tumultuairement, & de faire aucune violence aux boulangers.

Ibid. pag. 399. « Si jamais l'opinion *populaire* grossit » les objets au-delà de ce qu'ils sont en » effet, c'est principalement *dans les* » *tems de disette*. La crainte de manquer » de pain... *jette le trouble*, *& l'é-* » *pouvante dans les esprits*... D'un au- » tre côté, le Public est environné de » gens avides qui *l'entretiennent* dans ces » inquiétudes *pour en profiter*. De telles » dispositions parurent en 1693, & fu- » rent portées jusqu'à un tel excès, » que plusieurs laboureurs, propriétai- » res ou fermiers, eurent si peur de » n'avoir pas de grains suffisamment... » pour la subsistance de leurs familles, » qu'ils avoient pris la résolution de » n'en rien retrancher pour ensemencer » leurs terres... Le Roi... rassura ses » Sujets sur cette crainte *mal fondée*, » & pourvut à ce danger par un Arrêt.... » qui enjoignit à tous les laboureurs

* Voyez ces deux Ordonnances dans le Traité de la Pol. tom. II. pag. 317, la première est du 9, & la deuxième du 24 Septembre 1693.

» d'ensemencer leurs terres; sinon, permit à toutes sortes de personnes de les » ensemencer, sans en payer aucun loyer, » ni autres redevances ». Le Roi fit acheter des bleds, les fit convertir en pain; on en distribuoit tous les jours cent mille livres pesant, pour la moitié du prix qu'il coûtoit. Cependant tous les maux de la disette subsistoient encore au mois de Mai 1694.

« La recolte future approchoit; les » bleds étoient montés en épi... Il y » avoit long-tems qu'ils ne s'étoit pré- » senté une récolte d'une si belle espé- » rance; ... Cet objet si consolant » pour les gens de bien, désola les » usuriers. Ils mirent tout en usage pour » en traverser l'utilité... Leur grand » secret consistoit à se rendre les maîtres » de tous les grains qui étoient sur terre, » ou du moins de la plus grande partie, » *pour en cacher l'abondance*, comme ils » avoient fait *l'année précédente* » (ainsi il éxistoit à la fois *abondance & disette*) « l'on découvrit qu'en effet, ils cou- » roient les fermes dans les Provinces, » d'où Paris tire sa subsistance, & ar- » rhoient les grains de tous côtés..... » Les plus grands risques qu'on auroit

Ibid. pag. 404.

» eu à craindre pour les grains étoient » paſſés ; cependant le prix du bled *aug-* » *mentoit* de jour à autre. Il fut porté juſ- » qu'à 57 livres le ſetier à la halle & » ſur les ports de Paris *. Il ſe vendoit » le même prix dans tous les marchés » des environs, & 54 à 55 livres dans » les marchés plus éloignés, & à plus de » vingt lieues à la ronde ».

Ibid. pag. 405. Les fermiers des groſſes terres s'étoient enrichis & n'étoient preſſés, ni de vendre *leurs bleds vieux*, ni de battre les bleds nouveaux que leur promettoit la récolte. Les petits fermiers ou laboureurs s'étoient au contraire endettés & avoient beſoin d'argent & *pour s'aquiter & pour faire leur moiſſon.* Les monopoleurs, profitant de cette occaſion, avoient couru *de ferme en ferme* répandre de l'argent, & arrher tous les bleds qui étoient encore ſur pied; enſorte que *tous les bleds vieux* étoient retenus ou dans les greniers & les granges des fermiers riches, ou dans les magaſins des marchands uſuriers; & *tous les bleds nouveaux* étoient en la poſſeſſion des uns ou des autres.

---

* C'eſt-à-dire juſqu'à 84 liv. de notre monnoie actuelle, en nombre rond.

Leurs mesures étoient assez bien prises pour que *la famine fût à craindre*, péril qu'ils grossissoient encore *par de faux bruits.*

Six Commissaires du Châtelet furent chargés de pourvoir à la subsistance du Peuple, par la découverte *des bleds vieux.* « Ce qui arriva de ces descentes dans » les Provinces, confirma bien la con- » jecture que l'on avoit toujours faite, » que la *malice des hommes* avoit eu bien » plus de part *à la cherté* des grains » *qu'une véritable disette.* Ils trouvèrent » *par-tout* des bleds vieux *de plusieurs* » *récoltes*, dans les fermes, chez les ri- » ches habitans des Villes, dans les » magasins des marchands. Ils mirent » tous ces grains *en mouvement*, ... en » les faisant sortir des lieux où ils étoient » réservés, ce qui donna lieu aux Mar- » chands & aux Blatiers de les acheter » & de les faire parvenir de proche en » proche jusqu'à la Capitale. Les infor- » mations qu'ils firent contre tous ceux » qui, *par leurs usures ou par leurs mo-* » *nopoles avoient causé la cherté des grains*, » les emprisonnemens de quelques-uns » des principaux, les décrets décernés » contre les autres, jettèrent l'épou-

Ibid. 406.

Ibid. 407.

» vante entre eux, les déconcertèrent, » & ils furent obligés de rentrer dans » l'ordre ». Enfin le fruit du rétablissement du commerce, par la cessation du monopole, fut tel qu'à la S. Martin, le plus beau bled, qui auparavant coûtoit 54 livres, ne se vendoit plus que 15 & 16 livres le setier Et ce fut ainsi, dit le Commissaire de Lamare, que finit cette *disette apparente* & cette *véritable cherté*, qui avoit duré près de deux ans.

FAITS concernant la Disette des années 1698 & 1699.

Ibid. pag. 407. On éprouva, quatre ans après, les mêmes malheurs. « La nielle gâta les bleds » de plusieurs Provinces, en 1698, » & les pluies continuelles des mois de » Juillet & d'Août en firent germer & » périr beaucoup sur terre. Il y avoit » alors des bleds vieux *suffisamment* » pour suppléer à ce défaut..... Mais » comme ils étoient en la possession de » gens beaucoup passionnés pour leur » profit, ils prirent grand soin, à leur » ordinaire, *d'en cacher l'abondance*. Un » bruit de *disette* se répandit aussi-tôt, » & ils ne manquèrent pas de *l'exagérer*.

» Il n'en fallut pas davantage pour faire » augmenter *considérablement* le prix des » grains. Celui du bled fut porté en peu » de tems à 30 livres le setier mesure » de Paris * ». On fit quelques exemples sévères contre des monopoleurs ; cependant la disette *continuoit à se faire sentir de tous côtés*, & le prix des grains *augmentoit de jour à autre*. On eut encore recours aux descentes sur les lieux.

Le Commissaire de Lamare, qui fut nommé pour cette opération, dit, que s'il vouloit rapporter toutes les contraventions qu'il trouva, « on y verroit une » *abondance de grains* découverte *de tous* » *côtés* ; mais une espèce de *conspiration* » de la cacher au public... afin que » le prétexte d'une *apparente* disette, » en fît toujours augmenter le prix. » L'on y verroit des granges & des gre- » niers entiers qui en étoient *remplis*, » mais *fermés* par les fermiers mêmes, » ou par des usuriers qui les avoient » achetés *pour les y garder*. D'autres » granges où l'on faisoit en effet battre

Ibid. pag. 409.

* C'est-à-dire à 44 liv. de notre monnoie actuelle, en nombre rond.

» les grains, mais où, ... après que ces » grains étoient battus, au lieu de les » faire vanner... on les faisoit rejetter » sur le tas de gerbes pour les y con- » server... L'on verroit chez de riches » laboureurs des bleds de *l'année* 1693, » qu'ils avoient laissé gâter pour n'avoir » voulu les donner à 50 *liv. le setier*, » qu'il se vendoit alors dans leur Pro- » vince...* dans l'esperance que ce prix » exorbitant augmenteroit encore... » que dans une saison, où à peine les » semailles étoient faites, la plus gran- » de partie de la récolte future étoit » *arrhée* ».

Enfin, malgré une multitude d'exemples de sévérité contre ceux qui achetoient des grains sur pied, il y eut des gens qui en passèrent des Actes pardevant Notaires; d'autres plus artificieux se les faisoient adjuger en justice sans aucune saisie précédente; & le monopole, inépuisable en ressources, parvint à faire durer cette fausse disette jusqu'à la moisson de 1699.

Ibid. pag. 419.

* C'étoit en nombre rond 74 liv. de notre monnoie actuelle.

FAITS concernant la Disette de 1709 *jusqu'à la fin de la récolte de* 1710.*

« *Huit années d'heureuses & abondantes* » *récoltes*, qui suivirent la disette dont » on vient de parler, *remplirent* de bleds » & d'autres grains *de toute espèce*, les » granges & les greniers des laboureurs. » Les plus riches habitans des Provin- » ces, dont les principaux revenus con- » sistent en bleds, en firent des maga- » sins ».

L'Automne de 1708 fut très-pluvieux, ce qui retarda les semailles. La nuit du 6 Janvier 1709 il s'éleva un vent de Nord qui causa un froid de la dernière violence. Le 10 la terre fut couverte de neige. Un faux dégel, qui survint le 22, la fit fondre; & le 25 la gélée reprit avec plus de force qu'auparavant. Elle dura quinze jours; pénétra, dit-on, jusqu'à deux pieds dans la terre; tous les bleds périrent, excepté dans quelques vallées, que des montagnes couvroient du côté du Nord.

---

* Voyez la page 1re du Supplément, qui est à la fin du Tom. 2 du Traité de la Police.

On vit alors reparoître *toutes les mauvaiſes pratiques que la cupidité du gain produit*, & l'on y oppoſa les mêmes remèdes dont on avoit fait uſage pendant les trois dernières diſettes.

Une Déclaration du Roi du 27 Avril 1709, obligea, ſans aucune exception quiconque poſſédoit des grains, à en déclarer la quantité aux juges des lieux. Il eſt bien remarquable que cette Déclaration atteſte la notoriété de la ſurabondance des grains, dans le moment même où le monopole faiſoit éprouver à la France une famine générale.

V. Ibid. pag. 2.

« Une *longue ſuite* de récoltes *abondantes*... avoit fait deſcendre les bleds *à un ſi bas prix*, que les laboureurs & » les fermiers *ne ſe plaignoient que de la trop grande quantité de grains* dont » ils étoient *embarraſſés*; ainſi nous avions » lieu d'eſpérer que... nous n'aurions » point à craindre qu'une *cherté exceſſive* » ſuccédât, *en un moment*, à une *abondance onéreuſe*. Nous apprenons néanmoins de tous côtés, que le prix des » bleds eſt conſidérablement augmenté; » & nous ſommes informés... que cette » augmentation *ſubite* doit être attribuée, » *non pas au défaut de grains*, dont *nous*

» *ne pouvons douter* qu'il ne reſte *une* » *très-grande quantité* dans le Royaume; » mais à *l'avidité* de ceux, qui, voulant » profiter de la miſère publique, ou im- » patiens de ſe *dédommager* de la perte » qu'ils *croient* avoir faite *par le bon-* » *marché* où ils ont vu les grains *pen-* » *dant plusieurs années conſécutives*, les » reſſerent avec ſoin, pour attendre que » la *rareté apparente* du bled l'ait fait mon- » ter a un prix *encore plus haut* que celui » auquel il eſt à préſent ». Voilà les faits qu'atteſte Louis XIV dans le préambule de la Déclaration du 27 Avril 1709.

Un Arrêt du Parlement, du 7 Juin de la même année, réduiſit à deux ſortes de pain, *l'un bis-blanc & l'autre bis*, le pain qui ſeroit expoſé en vente dans les marchés & dans les boutiques des boulangers. On établit une Chambre pour juger les procès criminels inſtruits dans les différentes Provinces du Royaume, contre les abus & les malverſations qui ſe multiplioient de jour en jour dans un commerce qui n'étoit alors qu'un monopole. Pour * aſſurer la ſub-

* Voyez la Déclaration du Roi du 11 Juin 1709. *Ibid. p.* 10.

ſiſtance actuelle, & la culture de laquelle dépendoient les ſubſiſtances à venir, il fallut intervertir le droit des propriétaires & des fermiers concernant les labours & les ſemences, & le tranſporter à leurs créanciers, ou à toute autre perſonne qui voudroit en faire les frais. Le payement des dixmes eccléſiaſtiques ou inféodées, des champarts, des terrages, les arrérages des cens, rentes foncières & autres redevances payables en grains, tout fut aſſujéti à un ordre nouveau, juſqu'à ce qu'une récolte heureuſe eût triomphé du monopole, qui triomphoit alors & de la loi & de l'autorité. Enfin, quoique l'abondance des années précédentes eût été portée au point d'être *onéreuſe*; que l'aminiſtration *ne pût douter* qu'il ne reſtât dans le Royaume *une très-grande quantité de grains*, & que leur *rareté apparente* ne fût l'ouvrage de *l'avidité* & du monopole; « on n'a point d'exem-
Ibid. pag. 54.
» ple qu'il y ait eu de diſette *ſi grande*
» que celle qui arriva en l'année 1709.
» Elle fut *générale par-tout le Royau-*
» *me*, & ſe fit ſentir *avec violence* dans
» tous les lieux habités ».

Ces faits bien médités, & ils méritent de l'être par tous ceux qui ſont ſenſibles aux malheurs de la Nation, publient à haute voix que nous n'avons point à craindre de diſettes *réelles*; que les funeſtes effets des diſettes *apparentes*, c'eſt-à-dire des diſettes qui exiſtent en même tems que *l'abondance*, n'ont point d'autre cauſe que les manœuvres du monopole; que le monopole réveillé par le défaut de concurrens, enhardi & fortifié par les frayeurs qu'il ſème dans les eſprits, ſe fait un rempart invincible contre l'adminiſtration, & de la frayeur du Peuple, & du défaut de concurrens; que s'il ſuffit pour déconcerter le monopole de lui préſenter une foible image de la concurrence par la vente de quelques muids de grains tirés de l'étranger, il eſt évident qu'une concurrence générale eſt le moyen unique, prompt & infaillible de l'anéantir. La concurrence ne peut être générale qu'en atirant ſur nos ports les ſpéculations des marchands étrangers; & l'on ne peut y parvenir qu'en établiſſant une entière liberté à la ſortie. L'intérêt de ces marchands les avertit de ne point entrer dans des ports d'où ils n'auroient pas la liberté de ſortir, lorſque, par l'effet de leur concurrence même, leur denrée tomberoit au-deſſous de ſon prix. En un mot, l'intérêt eſt le mobile de tout commerce licite, ou illicite. C'eſt lui qui anime les monopoleurs ; c'eſt lui qui fait faire les ſpéculations d'où naît la concurrence. Les agens du monopole ferment les greniers, ceux de la concurrence les ouvrent. La même clef ſert aux uns & aux autres, *l'intérêt*. Il ne s'agit que de l'arracher aux mains deſtructives, pour la livrer aux mains ſecourables.

Pour ſe convaincre de plus en plus de la ſolidité de ce principe, il eſt peut-être utile dans ce moment-ci, de donner un coup d'œil ſur la diſette qu'éprouve l'Angleterre.

FAITS concernant la Diſette qui regne en Angleterre depuis l'année 1765.

Il eſt impoſſible de bien ſaiſir l'enchaînement des faits qu'on va rapporter, ſi l'on n'a pas quelque notion des principes de la Police Angloiſe ſur le commerce des grains. Ces principes ont été développés dans un Mémoire qui parut au mois de Mars 1764. * On va tâcher d'en donner une idée suffisante pour bien juger des causes de la disette dont on vient de parler.

Depuis 1689 les Anglois accordent une gratification à ceux qui exportent des grains. Elle cesse lorsque les grains montent à 48 schelins le quarter. ** A l'égard de l'exportation, elle est toujours permise à quelque prix que les grains puissent monter, à moins qu'elle ne soit interdite par une dérogation expresse. La gratification a pour objet l'encouragement de la culture nationale ; ainsi pour empêcher le bled étranger d'en profiter par des réexpor-

* Il est intitulé : *Réflexions sur la Police des Grains en France & en Angleterre.* Il s'est vendu chez *Regnard* au Palais.

** La mesure nommée *Quarter*, répond à très-peu de chose près, à 2 setiers de Paris ; & le setier pése 240 livres. Le *Schellin*, répond à peu près à 23 s. de notre monnoie.

Pour soulager les Lecteurs peu accoutumés à saisir sur le champ le rapport des mesures & des monnoies Angloises aux nôtres, on a tout réduit en mesures & en monnoies de France : &, pour ménager de plus en plus leur attention, on a toujours employé des nombres ronds. Ainsi, lorsqu'on a évalué le *Quarter*, valant 42 *Schellins* (ce qui répond à 24 l. 1 s. 6 d. de notre monnoie, par setier) ; on a dit que le setier valoit ou coûtoit 24 livres.

tations, on a été forcé d'en interdire l'entrée en les chargeant de droits excessifs.

Ces droits ne sont pas fixes : ils varient suivant le prix du bled national. Quand le bled Anglois est à bon marché, les droits d'entrée sur les grains étrangers sont excessifs ; quand, au contraire, les bleds montent à un haut prix, & qu'enfin ils deviennent chers, les droits d'entrée sur les grains étrangers diminuent en proportion de l'augmentation du prix du marché. Si, par exemple, le bled vaut en Angleterre 30 à 45 l. le setier, argent de France, au moment du départ d'un de nos vaisseaux, le négociant François compte qu'il payera en arrivant 4 liv. 10 sols de droits d'entrée par setier. Mais si pendant la traversée quelque révolution sur le prix des grains les a ramenés au prix de 24 à 30 liv. de notre monnoie, il doit payer les droits d'entrée sur le pied d'environ 9 liv. 8 sols par setier, argent de France. On sent bien qu'aucun commerce ne peut supporter un impôt si démesuré, & qu'aucun commerçant n'expose sa fortune à des vicissitudes de droits qu'il ne peut prévoir, &

dont rien ne peut le garantir.

On voit que la gratification qui paroît au premier coup d'œil la plus haute faveur qui pût être accordée à la liberté du commerce des grains, équivaut en soi à une loi prohibitive, puisqu'elle a entrainé la néceſſité de proſcrire l'entrée des grains étrangers. Auſſi a-t-elle donné lieu à l'inconvénient majeur, inſéparable de toute prohibition, c'eſt-à-dire, à l'établiſſement du monopole. Cette cangrène dévorante ſubſiſte perpétuellement en Angleterre, & le commerce des grains qui s'y fait, n'eſt exactement qu'un monopole continu.

On peut réduire à deux claſſes ceux qui font le commerce intérieur des grains. Les *fermiers*, & ce qu'on nomme *marchands magaſiniers*, ou ſimplement *magaſiniers*. C'eſt au mois de Décembre que les fermiers payent les propriétaires. Comme il ſe trouve alors dans les marchés une très-grande affluence de vendeurs, le prix du grain tombe toujours au-deſſous de celui qu'entretiennent les magaſiniers pendant le cours de l'année. Cette affluence, quoique moindre qu'en Décembre, continue pendant l'hiver. C'eſt le tems où les magasiniers sont leurs opérations. Elles consistent à acheter le plus qu'ils peuvent des grains que mettent en vente les petits fermiers. La concurrence de ces riches acheteurs soutient les prix. Mais ils trouvent beaucoup d'avantage à acheter dans cette saison, lors même qu'ils achetent un peu cher, parce que leurs achats les mettent en état de conserver long-tems les grains qu'ils ont en meules. D'ailleurs ils se trouvent propriétaires de la portion la plus considérable des grains battus. Par-là ils deviennent maîtres du prix dans les marchés nationaux, & la gratification d'environ 3 liv. par setier, qu'ils reçoivent par quarter, pour le bled qu'ils exportent, leur rembourse ce qu'ils peuvent avoir payé de trop, en conséquence du haut prix qu'ils ont occasionné & entretenu.

Ces magasiniers sont très-attentifs à deux choses, l'une à n'exposer leurs grains en vente que peu-à-peu, afin de les vendre plus cher; l'autre à les maintenir au-dessous du taux auquel la gratification cesseroit. Sans ce manége, non-seulement ils perdroient le bénéfice de la gratification dont ils profitent

tent presque seuls ; mais ils s'exposeroient à la concurrence des étrangers, qui pouroient alors introduire leurs grains en ne payant que de foibles droits d'entrée. C'est ce qui arriva en 1758 ; l'importation subite d'une grande quantité de bled, ruina une multitude de magasiniers.

Voilà le monopole réduit en systême. Ses effets habituels sont d'entretenir les grains, dans les marchés nationaux, au-dessus de leur vrai prix. On va voir jusqu'à quel point ces effets peuvent devenir funestes, lorsqu'une mauvaise année seconde les efforts de l'avidité.

Une grande partie de la récolte de 1763 fut faite par un tems humide, & beaucoup de grains germèrent. Les pluies de l'Eté de 1764 réduisirent la moisson à deux tiers d'une année commune.

L'exportation avoit été très-forte pendant les dernieres années de la guerre. L'Angleterre fournissoit à la fois ses marchés étrangers, ordinaires, les armées qui étoient en Allemagne, & plusieurs Provinces dans cette partie du Continent. On exporte année commune six cents quarante mille setiers. L'exportation de 1764 fut de douze cents mille ſetiers, à cauſe de l'approviſionnement de l'Italie.* Cependant au mois de Mars de la même année les grains étoient à leur prix moyen fixe, 23 livres le ſetier. Le bled diminua au commencement de Juin, parce que la Cour de Naples avoit contremandé, vers la fin de Mai, celui qu'on ſe préparoit à lui envoyer. Enfin il monta en Juillet juſqu'à 24 l. le ſetier de Paris. Cette augmentation venoit, 1° de ce que le mois de Juillet eſt le tems où les gros fermiers ſpéculent ſur la récolte qui va ſe faire, & qu'ils attendent pour lâcher la main ſur le prix, que leurs nouveaux grains ſoient rentrés. 2° De ce qu'il ſe répandit alors un bruit, vrai ou faux, qu'il ſe faiſoit des enlévemens conſidérables de grains pour former des greniers à la proximité de l'Italie.

La récolte s'étant trouvée médiocre, les prix augmentèrent encore au mois d'Août. Pluſieurs vaiſſeaux chargés de grains pour l'étranger, périrent vers la

---

* On verra bientôt que la France n'a éxporté que ſeize cents mille ſetiers dans trois années conſécutives.

fin de Septembre ; en conséquence le froment se vendit en Octobre 25 livres 6 sols le setier. Il retomba à 23 livres au mois de Décembre, tems où les petits fermiers vendent pour payer les propriétaires ; mais il haussa de nouveau au commencement de l'année 1765.

L'exportation étoit encore très-forte au mois de Janvier de cette année. Comme on en publie journellement les états, tout le monde sait à quoi elle monte ; mais tout le monde ignore la quantité de bled que renferment les magasins. Le peuple attribua la cherté à l'exportation qui lui étoit connue, & ne songea nullement à l'attribuer aux magasiniers, dont les approvisionnemens lui sont inconnus, ou à la distillation des eaux-de-vie, dont il ne connoît pas mieux la quantité.

Le peuple demanda hautement que la *gratification* fût retirée, & qu'on dérogeât à la loi de 1689, qui l'accorde tant que le prix du setier n'excéde pas 27 livres 12 sols. On alla plus loin encore, le setier de froment monta, le 25 Janvier, à 27 liv. & le même jour le Parlement reçut de la ville de Londres, & presqu'aussi-tôt de plusieurs autres Villes, une Requête, par laquelle il étoit ſupplié de faire arrêter *l'exportation* même. *

* Soit adreſſe ou intérêt de la part des uns, ſoit frayeur ou défaut d'inſtruction de la part des autres, l'expérience du paſſé ne ſuffit pas à tout le monde pour reconnoître que les diſettes les plus fortes ſe ſont fait ſentir & ont été très-fréquentes, dans les tems où l'exportation étoit interdite. Peut-être même qu'aujourd'hui, quoiqu'il n'y ait pas de diſette en France, la cherté du pain, dans quelques endroits, paroît à bien des gens un effet de la liberté d'exporter accordée par l'Edit du mois de Juillet 1764. Pour détruire les fauſſes idées qu'on pouroit avoir ou recevoir ſur ce ſujet, on va donner l'Etat des exportations & des importations en bleds & en farines, qui ſe ſont faites depuis le premier Octobre 1764 juſqu'au premier Octobre 1767, le tout évalué au ſetier de Paris peſant 240 livres. Cet Etat eſt tiré des Regiſtres des Fermes qui ont été tenus pour la perception des droits d'entrée & de ſortie des grains & des farines.

	Exportations.	*Importations.*
D'Octob. 1764 en Janv. 1765.	124,686.	21,607.
De Janvier en Avril . . .	210,570.	33,593.
D'Avril en Juillet. . . .	267,368.	42,858.
De Juillet en Octobre. . . .	200,874.	76,734.
Total de l'année depuis Oct. 1764, juſqu'en Oct. 1765. .	803,498.	174,792.
D'Oct. 1765 en Janvier 1766.	275,320.	99,460.
De Janvier en Avril. . . .	175,289.	87,106.
D'Avril en Juillet. . . .	100,870.	114,572.
De Juillet en Octobre. . . .	218,626.	28,879.
Total de l'année depuis Oct. 1765, juſqu'en Oct. 1766. .	770,105.	330,017.

Ces clameurs contre la gratification, ces requêtes présentées au Parlement contre l'exportation, n'augmentoient pas la somme des subsistances. Mais le bruit se répandit que le Parlement alloit rendre libre l'entrée du grain étranger, en l'affranchissant de tout impôt. La crainte de la concurrence fit le même effet qu'une abondante récolte. Dès le

---

	Exportations.	*Importations.*
D'Oct. 1766 en Janvier 1767.	324,325.	81,370.
De Janvier en Avril. . . .	224,805.	95,145.
D'Avril en Juillet. . . .	182,467.	96,719.
De Juillet en Octobre. . . .	128,260.	17,342.
Total de l'année depuis Oct. 1766, jusqu'en Oct. 1767. .	859,857.	290,576.

L'Exportation totale pendant trois années complettes & consécutives a été de	2,433,460 setiers.
L'Importation a été de . .	795,385 setiers.
La diminution des grains dans le Royaume par l'Exportation est donc de	1,638,075 setiers.
Cette quantité de grains divisée par trois, donne pour moyenne proportionnelle de chaque année.	546,025 setiers.

Voilà rigoureusement le résultat de l'exportation des grains. Elle a fait sortir moins que la quatre-vingtième partie d'une de nos récoltes ordinaires. On vient de voir que l'Angleterre a exporté dans la seule année 1764, 1200 mille setiers mesure de Paris.

29 Janvier les magaſiniers réduiſirent le prix du grain à 25 l. 6 ſ., & ne le vendirent que 24 l. dans le mois de Février. Cette manœuvre des monopoleurs détourna de deſſus eux l'attention du Parlement. On crut, ſur ces apparences, que tout étoit rentré dans l'ordre, & les repréſentans de la Nation ne prirent aucunes meſures pour l'arracher au péril dont elle étoit menacée.

L'exportation continua, & la gratification ne ceſſa pas un inſtant d'être payée. Bientôt le prix du grain remonta aux 27 l.; il s'y ſoutint pendant un tems conſidérable, mais ſans atteindre le point de 27 l. 12 ſ. Pendant cet intervalle, on n'exporta aucune partie de grains par le port de Londres. Les magaſiniers ſentirent la néceſſité de ſe contenter du bénéfice qu'ils trouvoient dans le lieu même, ſur les grains dont ils avoient rempli leurs greniers, & ſur ceux qu'ils avoient conſervés en meules à la faveur des achats qu'ils avoient faits pendant l'hiver. Enfin le grain atteignit & paſſa le taux de 27 l. 12 ſ., & la gratification ceſſa le 2 d'Avril 1765.

Il n'y avoit pas d'apparence qu'on pût faire ſortir des grains depuis qu'ils étoient montés à ce prix. Le Peuple en conclut que les magasiniers étant bornés aux seuls marchés nationaux, ces marchés alloient regorger de bled. Le monopole, au contraire, conclut de l'état des choses, qu'il devoit trouver dans le commerce intérieur, non-seulement ses bénéfices ordinaires, mais encore ceux qu'il ne pouvoit plus tirer du commerce extérieur. Une disette artificielle se manifesta sur-le-champ, & devint de jour en jour plus effrayante.

Dès le 10 d'Avril, le setier de froment monta à 28 l. 15 s. Il fut porté le 11 à 29 l. 7 s. Pour appuyer cette manœuvre, on fit courir le bruit que le Marquis de Squilace songeoit à en tirer une grande quantité pour l'Espagne, opération qui pouvoit toujours se faire, parce que, comme on l'a dit, l'exportation est libre, lors même que le haut prix fait cesser la gratification. Le grain monte à 30 l. 10 s. le 28 Avril, & parvient le 2 Mai jusqu'à 31 l. 12 s. Pour arrêter les progrès d'augmentations de prix si rapides, on fit de nouvelles représentations au Parlement, qui, enfin, se détermina à passer une loi pour permettre l'entrée du bled étranger.

Au premier bruit de cette résolution, les magasiniers sentirent le péril où étoit leur fortune, parce que tenant au monopole, la concurrence, ou, ce qui est la même chose, un libre commerce alloit le faire cesser. En conséquence le prix du grain diminua tout d'un coup de 3 l. par setier.

Il ne coûtoit plus le 8 Mai que	28 l.	15 s.
Le 9	28	4
Le 13.	27	12
Le 15	25	18
Le 20	25	6
Et depuis le 25, au-dessous de	24	14

Ainsi, dans le court espace de 13 à 14 jours, sur la seule menace d'un libre commerce, & avant que l'étranger eût apporté un seul grain de bled, le prix diminua de 7 l. par setier.

Il est très-essentiel d'observer la différence de conduite des magasiniers à la fin de Janvier, & au commencement de Mai 1765. A la première de ces époques, ils virent leurs intérêts en danger, cependant ils ne firent baisser les prix que de trois livres par setier. Ils se flattoient de faire croire dès ce temslà que tous les greniers étoient vuides.

C'est quatre mois après, pendant lesquels il s'étoit fait une consommation d'un tiers d'année; pendant lesquels on avoit beaucoup exporté ; pendant lesquels la distillation des eaux-de-vie de grains n'avoit pas cessé; pendant lesquels, enfin, l'Angleterre n'avoit pas admis le moindre secours de la part des étrangers, que le bled tombe de 31 liv. 12 s. à 24 liv. 14 s. L'effroi du peuple avoit donné le plus énorme avantage au monopole; l'effroi des monopoleurs, à la vue de la concurence, ramena la denrée à un prix proportionné à sa quantité. Les conséquences droites de ces événemens, ne devroient échapper qu'à des aveugles réels ou volontaires, & par conséquent incurables.

Les récoltes de 1765, 1766 & 1767, n'ont pas été abondantes en Angleterre. Cette cause de renchérissement de la denrée, n'a point été affoiblie par la première suspension des droits d'entrée sur les bleds étrangers. En voici la raison. Si, au-lieu de menacer les magasiniers d'une concurrence générale, on eût levé brusquement les barrières qui écartoient le bled étranger, le monopole déconcerté n'eût pu opposer aucun obstacle à cette prompte concurrence; elle se fût établie sur-le-champ, & elle se fût soutenue pendant tout le tems que des récoltes foibles eussent porté le grain national à un trop haut prix. Mais on fit deux fautes capitales; l'une d'avertir qu'on prendroit le parti de suspendre les droits d'entrée; l'autre, de limiter cette suspension à un tems assez court, aulieu de la rendre perpétuelle. Par-là on donna au monopole le tems dont il avoit besoin pour imaginer de nouveaux artifices, & un moyen presque sûr de les faire réussir.

Les monopoleurs s'arrangèrent pour acheter tout le bled qui seroit importé, & ils le mêlèrent avec du bled Anglois, dont ils soutenoient le prix. Cette opération eut été infiniment au-dessus de leurs forces, si la suspension de droits eût dû être permanente. Elle vient d'être renouvellée en dernier lieu *, & le prix du pain a baissé. Mais on ne dissimulera pas, que cet heureux effet ne doit pas être attribué à la suspension seule. Le renouvellement de la défense

---

* Par un Bill du 9 Décembre 1767.

de distiller du froment, y a beaucoup contribué, & plus encore le bruit qui s'est répandu avec quelque fondement, que la même défense s'étendroit à l'orge. Voilà les inconvéniens auxquels l'Angleterre s'est livrée, en voulant administrer avec des loix prohibitives, un commerce qui, par sa nature, & par son influence sur l'ordre public, a besoin de la plus grande liberté. Le monopole par sa souplesse, par son ardeur & son activité échappe par mille endroits, & aux loix, & à la vigilance de leurs ministres. C'est aller contre l'expérience de tous les siècles, de toutes le Nations, que de se flatter de l'enchaîner. On ne peut s'en rendre maître qu'en l'étoufant, & la concurrence peut seule l'étoufer.

Malgré tous les efforts de l'administration Angloise, les bleds, depuis trois ans, se sont vendus depuis 23, jusqu'à 31 livres 12 sols le setier. Le bon froment, pendant l'automne dernier, n'a pas été au-dessous de 29 liv. 18 sols, à 28 liv. 15 sols, & il a monté jusqu'à 31 liv. 12 sols. Enfin parce que la gratification & les droits d'entrée empêchent de contenir les magasiniers, & que le monopole a fait monter les grains à des prix exorbitans, on a cru qu'il feroit avantageux de porter une loi *pour réprimer les progrès du luxe* *. C'eft un moyen affez fûr de borner la dépenfe des gens riches. Mais il eft difficile de comprendre comment il peut arriver que les gens riches dépenfant moins, le Peuple foit plus en état d'acheter du bled exceffivement cher. Que de foins & de contradictions fe feroit épargnés l'Angleterre, fi, remontant à la fource des maux qu'elle éprouve depuis 1765, elle eût fenti la néceffité de fupprimer pour jamais une gratification qui entraîne après foi la prohibition des bleds étrangers. Ses magafiniers auroient perdu, fans retour, par une adminiftration fimple, tous les moyens de furvendre dans les années d'abondance, & d'opprimer par des difettes artificielles dans les années moins heureufes.

Il n'eft peut-être pas inutile de rapporter ici les vrais motifs de cette gratification, que prefque tout le monde en France & en Angleterre regarde comme

* Voyez l'art. de Londres, du 29 Décembre 1767, dans la Gazette de France, du 8 Janvier 1768.

le fruit de l'esprit d'administration en matière de commerce.

La gratification fut établie en 1689. C'est dans cette même année que s'opéra la révolution qui plaça le Prince d'Orange sur le trône d'Angleterre. Tous les corps, tous les partis de la Nation s'étoient réunis contre le Roi Jacques II, beau-pere de ce Prince; mais leur diversité d'opinion fut très-marquée lorsqu'il fut question de prendre une résolution fixe & définitive sur le titre & les droits qu'ils accorderoient au Prince d'Orange. Son vœu, secondé par le parti des Whigts, étoit d'obtenir le titre de Roi, avec la plénitude de la prérogative Royale. Celui du parti des Torys étoit de le réduire à une simple Régence, avec le pouvoir Royal. Après une multitude de discussions, aussi longues que vives, entre les membres & de la Chambre-haute & de la Chambre-basse, la *convention* porta un Bill, * qui donna la couronne au Prince & à la Princesse d'Orange, & l'administration au Prince seul.

* Ce Bill est du 17 Février 1689. La proclamation fut faite le 24 du même mois, & le couronnement le 21 d'Avril suivant.

Le caractère de ce Prince est trop connu, pour qu'il soit nécessaire d'avertir qu'il sentit combien le désavantage de sa position, si grand en lui-même, augmentoit par l'éloignement des Torys pour les moyens qui l'avoient élevé au suprême pouvoir. Le parti des Torys étoit composé des plus grands propriétaires du Royaume, & en particulier de tout le Clergé de la haute-Eglise, à deux Evêques près, celui de Londres & celui de Bristol. Il parut donc très-essentiel au Roi Guillaume de se concilier un parti si puissant. Parmi les moyens qu'il crut devoir employer, celui de la gratification pour les bleds exportés, parut un des meilleurs, ou pour s'attacher les propriétaires des terres, ou du moins pour leur fermer la bouche sur une révolution qui contredisoit leurs principes. Il fit insinuer, ou insinua lui-même la proposition d'accorder un encouragement pour l'exportation des grains, bien résolu d'approuver tout ce que le Parlement seroit d'avis de faire à cet égard. C'étoit assurer & augmenter les revenus des propriétaires. Ainsi la partie la plus riche & la plus importante de la Nation, ne pouvoit que lui ſavoir gré d'une loi nouvelle, ſi propre à être bien accueillie. La gratification fut propoſée, & obtint le ſceau d'une loi de l'Etat.

Cet encouragement eût trop coûté à l'Angleterre, ſi l'étranger eût pu le partager. Il entroit donc dans le ſyſtême de cette opération, de continuer à chaſſer le bled étranger par des droits exceſſifs, & de peſer de plus en plus ſur ces droits, afin de les rendre équivalens à une prohibition formelle. Qu'en eſt-il réſulté ? ce qui réſulte toujours des prohibitions; le monopole. Les magaſiniers de grains ont ſpéculé d'après l'impoſſibilité de leur donner des concurrens qu'ils puſſent redouter. Ils ſe ſont arrangés de façon à profiter ſeuls d'une gratification originairement deſtinée aux propriétaires, & à ſe rendre maîtres du prix des grains, au point de les faire hauſſer ou baiſſer, ſans que leur abondance ou leur proportion réelle, avec le beſoin & la conſommation puiſſent avoir la moindre influence ſur les prix des marchés intérieurs. On vient de voir à quel point leurs manœuvres ſont redoutables pour la Nation Angloiſe.

La liberté entière, c'eſt-à-dire, la liberté ſur l'importation, comme ſur l'exportation, eſt le remède unique à ce déſordre. La gratification ceſſant, il n'y a plus ni motif, ni prétexte pour repouſſer le bled étranger. La concurrence entre les vendeurs devient néceſſaire & générale. Ainſi le monopole eſt aux abois, parce qu'il ne lui reſte aucune reſſource pour porter les grains au-deſſus de leur vrai prix. Tout autre moyen ſera impuiſſant en Angleterre, en France, dans tout l'Univers, parce qu'il eſt impoſſible à la main la plus robuſte & la plus flexible, de tenir & de diriger des rênes qui puiſſent faire marcher, ſans ſecouſſes, le commerce des grains. Il n'y a que la concurrence, réſultant d'une entière liberté, qui, en pouſſant une multitude de têtes, de bras & d'intérêts vers cette opération, puiſſe conduire avec ſûreté les détails & l'enſemble d'une machine ſi minutieuſe & ſi grande.

F I N.

M. DCC. LXVIII.

www.ingramcontent.com/pod-product-compliance
Ingram Content Group UK Ltd.
Pitfield, Milton Keynes, MK11 3LW, UK
UKHW021946260726
13994UKWH00004B/1566